EASTER
ACTIVITY
PAGES
1

This Book Belongs To

○○○○○○○○○○○○○○○○

2

Sudoku 1 - Easy Level

8		5				2	3	
			5		9			
4					6	8		
2	7			3			5	
		1						7
5				1		9	6	
	3		6				4	
6	2						7	9
			8		1			

Sudoku 2 - Easy Level

8	9			7				6
	7					3		
1			4					9
		4			6			
	5		9	2		4	7	
9			5					3
		2		9	7			
		1			4	8		
7						6		2

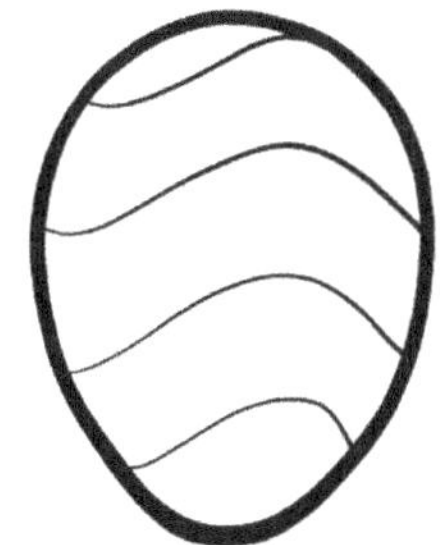

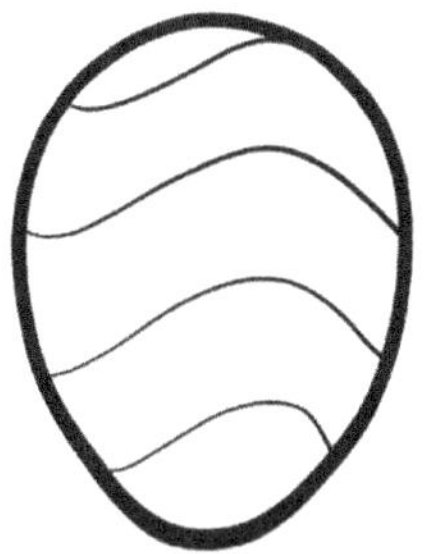

Sudoku 3 - Easy Level

		5	2			9		
	9			8	7	5		3
8							6	
	5	4	6					7
	7			2				
		1	5			8		
1				4			8	
3							7	5
		7	3	6				

Sudoku 4 - Easy Level

1							2	
		4	7		8			
	2	7	3				5	9
4			6					
	3	2	4		9		8	
	6						7	5
				5	3	2		
				1		6		3
	1	8						

4

Sudoku 5 - Easy Level

4			2					7
5			9		4	6		
	1				6			
1			4					8
				7			5	
	7	6			8	3		4
	9			2			7	
3	5		6					
				3		4	6	

Sudoku 6 - Easy Level

			8			2		
2	3	7					9	
		8		1				4
4	1			3	8			
	3	7						
			9					
			3		6			
			9	4			8	1
	4		6	5		3		2

Sudoku 7 - Easy Level

						6	2	
	5				9	3		
	7	8		2	5			
6		4	7		3			
		9	8				3	
					1	5		
		2	4		7			8
	6	3			2			1
4				1				

Sudoku 8 - Easy Level

			9			2	7	1
8			1					
	3				4		8	
	9							
		2	8			3		4
7							2	
2			6					
9	4			8	3			
6	5			2		1	4	

6

Sudoku 9 - Easy Level

	1	4		2				
			3			7	9	
9				7	6			1
		7		3				2
	7	4			9			
	2	9		8				
		9						
4					5	8		7
8	6		2				5	

Sudoku 10 - Easy Level

	8				2	4		
1	4					6	7	
		1		5				
		4		9				
	2	6					3	5
		7	2				8	
	6	3		7			1	
	1			9		5	2	
9								3

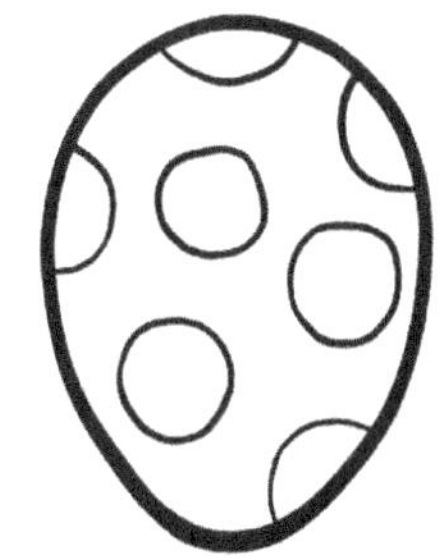

Sudoku 11 - Easy Level

			4					1
		4	3					2
				2		8	7	
	6	2	8		1			
8								9
3		1				4		
			2					
4		5		9			3	
9	2	6			7	8		

Sudoku 12 - Easy Level

				6	2			
		8	3		9	4		
	4		1	2	6	5		
				1	8			
7	1	2	9					
8			4			3		
2				7				
						9		
	4	3			8			2

8

Sudoku 13 - Medium Level

5	2		3	9				1
		2	5		3			
		8				2		
		3	1	4	9			
	2					6	8	
			9	7				4
7			2					9
	3		5			1		7

Sudoku 14 - Medium Level

			6	5		7		8
5			9		4			
		4	2					
	4						5	
		3				9	1	2
	1							
					2	6	9	5
9	6		4		1	3		

Sudoku 15 - Medium Level

			1				2	3
		5						
		6	9	3		1		
4				1				
	1	2				6		
			5			9		
2	5							9
9			7				4	6
3			8					5

Sudoku 16 - Medium Level

		7		9		6	3	8
		5			1			
	8		2			9		
			1			4		
	3			8			6	
	9		4	2			8	1
	1			4		2		
								6
2				1	7			

Sudoku 17 - Medium Level

							2	8
	4	1		8		5		
8			2					
				5				
		3			9	2	4	
			1					9
3					2			5
		2	4	9		1		
	8	6			3	7		

Sudoku 18 - Medium Level

6						4		1
9				5				
					4		3	
1		2		4				
			5					
4			6	9	2			
		9				5	1	
3		6	7				9	
		5	8				2	

Sudoku 19 - Medium Level

	5			9		8		
3	8							9
			7					
		8		5				
	9	5	8			1		2
	1					7		4
		9		2				1
8						6		
	2		1	7	4	3		

Sudoku 20 - Medium Level

		5		9		3		
				7	1			4
				1		2	9	
3		9	8	5			1	
				3		4	7	
		6						
	5				3			8
		2		6				
7	6	3				1	5	

Sudoku 21 - Medium Level

	9					6		
				1	2	3		
		1	8					
3	6	7				1		
9								
	1					2	7	
4			6			8	3	
			2	9			6	
5			7				9	

Sudoku 22 - Medium Level

					9			
5	3						2	
1				2	7		8	6
2						7		8
7	4						1	
	1	3				5		
		6	8			2		
	8		9	5	2	1		
					4		9	

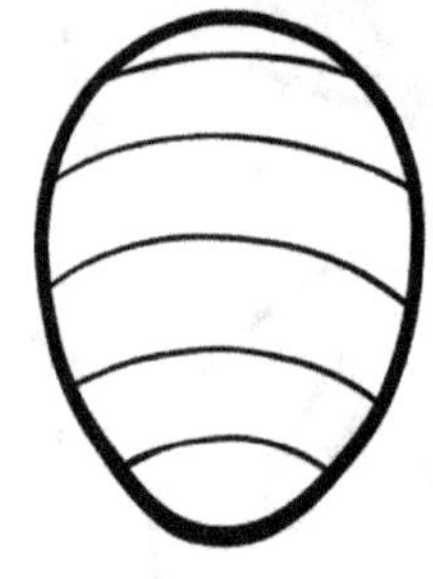

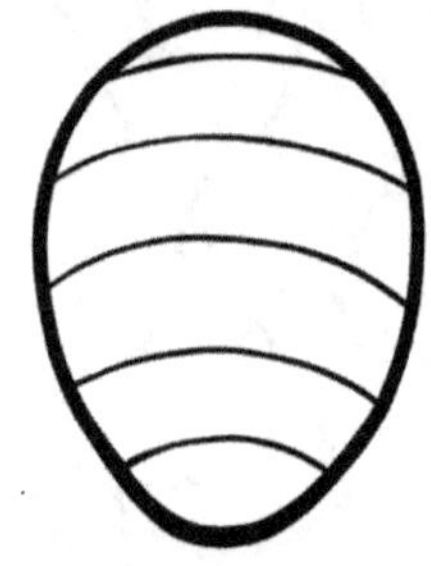

Sudoku 23 - Medium Level

			8			9		
	3						4	
4		1	5					
9	1				8			
	8		3		5			6
	2				9			7
			4			8	2	5
			1		2	4		
								9

Sudoku 24 - Medium Level

6			7					
				8			3	7
7	3				1	2	8	
		5			2		7	
	8			1	5			3
					9	5	2	
	7		4		6			
8				2		9	1	

12

13

Easter Word Search 1

```
M K G E G T C E N S W X R N
W O Q F V L M Z H A K A E A
C Q J X J A O M N C J M V T
B A N L E U U R K E W A P U
U A T W W N R Q I M L Z E R
N C S E P C N W T O H E R E
N C E K R H E G G M U D P W
Y L A T E P D N R O N S L E
E A S I U T I W H K T Q E R
K I O I A K F L S E L I X Y
C M N Q O Z O U L Q Q D E A
Q J W E Y H Z C J A Z P D M
A V A H V I A N H K R K O P
X P F T A F Q G Q A B M W L
```

ACCLAIM
AMAZED
BASKET
BUNNY
CATERPILLAR
GLORIOUS
HUNT
LAUNCH
MOURNED
NATURE
PERPLEXED
SEASON

Easter Word Search 2

ALLELUIA
ANGEL
CRUCIFIX
DARK CHOCOLATE
DEMONSTRATE
INFLUENCE
JESUS CHRIST
LAUGHING
SHROVE
SPRING
TRIUMPH
WHITE

```
Y Q I I Z E K W B X S T X H
J D A N G E L L H H E I I R
J E D F T Z B L U I F W W L
M M S L V P B P P I T E A A
R O P U H W S Z C R V E Z U
H N R E S G A U P O H Z P G
M S I N J C R T R I U M P H
N T N C B C H H C L Z V R I
N R G E V M S R C S P M V N
D A E H U Z H P I S S D L G
T T A W N W G Z L S B Z M E
B E A L L E L U I A T W Q J
W N O G S U F L D S V N C Y
D A R K C H O C O L A T E J
```

14

15

Easter Word Search 3

BELIEVE
CRUCIFIXION
DINNER
EASTER PARADE
EXPRESSION
GRASS
INSPIRATION
JESUS
LAVENDER
RE-BIRTH
THIRD DAY
UNIQUE

M	T	K	P	B	N	H	A	M	V	G	B	F	I
M	V	I	N	H	T	H	I	R	D	D	A	Y	D
L	F	S	G	R	A	S	S	C	Y	F	O	D	I
O	E	B	I	N	S	P	I	R	A	T	I	O	N
Z	G	B	C	R	U	C	I	F	I	X	I	O	N
P	E	X	P	R	E	S	S	I	O	N	U	Y	E
R	E	A	S	T	E	R	P	A	R	A	D	E	R
T	F	G	B	J	E	S	U	S	X	G	I	N	O
Q	U	D	M	E	U	N	I	Q	U	E	K	M	W
X	R	W	K	G	L	L	A	V	E	N	D	E	R
T	J	U	F	B	X	I	Z	W	L	W	A	L	L
K	S	Q	B	Q	A	C	E	R	D	L	E	B	B
S	B	I	D	H	J	F	O	V	E	J	K	B	W
J	J	R	D	T	U	S	A	A	E	U	F	W	A

Easter Word Search 4

E	N	F	X	X	W	W	C	M	B	J	L	S	C
K	Z	F	O	C	Y	R	H	W	T	V	E	W	H
B	F	F	F	O	Q	T	P	S	H	D	J	R	R
G	T	L	T	E	U	U	A	X	U	F	E	A	I
P	T	I	K	O	G	O	E	T	G	U	L	T	S
B	O	D	Y	I	V	G	I	S	M	N	L	Q	T
R	W	F	A	Z	T	T	S	V	T	C	Y	L	I
P	A	R	T	Y	L	E	B	I	Q	T	B	E	A
R	S	I	R	U	H	N	T	T	R	I	E	F	N
R	O	L	M	M	N	E	X	B	C	O	A	L	S
H	P	L	B	A	P	T	I	S	M	N	N	H	J
S	P	S	W	T	R	H	V	V	R	D	S	C	V
G	I	Y	L	U	U	N	B	Q	V	B	E	I	V
C	T	I	Q	A	B	X	H	Z	C	K	U	C	L

BAPTISM
BODY
CHRISTIANS
EGGS
FRILLS
FUNCTION
JELLY BEANS
KITE
MULTITUDES
PARTY
QUEST
YOUTH

16

17

Easter Word Search 7

CANDLES
CATHEDRAL
CATHOLIC
EXCITEMENT
FLOWER
GLAZED HAM
JELLY BEANS
LAMB
MIRACLE
PALM SUNDAY
RABBITS
UMBRELLA

```
M D E Y O E V O C L L L X H
J I C Q X Q X M J A A N G H
E X R R O N B S T R F I B X
L W S A N R D O D Q L Y P T
L B B P C I Z E M Z O N I M
Y M R W W L H B W B W Q I M
B J C R D T E W M K E F Y J
E Z A T A Y S A C Y R M G V
A C T C F G L A Z E D H A M
N N H P T F R A B B I T S Z
S P O L F U M B R E L L A W
R P L E X C I T E M E N T H
Y I I C A N D L E S L F B Y
F E C P A L M S U N D A Y C
```

Easter Word Search 8

```
E R N L O N Y S V N Q G F B
S A M Q T R F O O L Q J S R
G I Y A U L M I V D U X F H
V N J B R S S S N U G G L E
T K D W K S F R E Q U E N T
K A Y C E Z H D Z J F R D L
C E I F Y C F M E J E J M Z
F C N Y S J X M A Y K Y J R
R O A W V S O B L L S G E T
C O L O R D N X O S L T T J
K Z M U G A Y R U A S O G U
E T L N F S B E S A Y G W H
M K I I M K E Q E X Q Y B S
M K C O M M U N I T Y I P I
```

CADBURY
COLOR
COMMUNITY
CONFESSION
EASTER
FREQUENT
KINGDOM
MARSHMALLOWS
RAIN
SNUGGLE
TURKEY
ZEALOUS

19

Easter Word Search 5

P	R	O	T	E	S	T	A	N	T	M	C	X	X
T	T	Y	R	M	V	F	W	A	P	C	E	E	E
Q	H	H	K	G	H	I	E	H	Q	N	D	G	R
J	U	U	U	M	J	N	S	U	I	I	E	H	E
L	X	A	R	W	H	E	O	D	H	L	I	A	V
R	J	Q	I	S	W	R	M	R	I	B	Z	Q	E
U	E	Q	J	N	D	Y	E	V	O	G	B	Z	R
T	G	L	L	Q	T	A	I	Z	Z	I	Z	M	E
H	O	D	I	I	Q	R	Y	M	V	B	K	E	D
V	R	Z	F	G	P	R	O	T	E	C	T	Q	I
H	Q	N	A	A	I	F	W	I	N	D	F	H	V
N	E	M	G	I	I	O	R	K	D	P	D	Y	Q
A	H	U	H	E	C	G	N	H	U	A	V	H	R
J	V	Y	L	B	I	V	N	C	H	J	V	B	V

- AWESOME
- DINE
- FINERY
- HIDE
- PRIVILEGE
- PROTECT
- PROTESTANT
- QUAINT
- RELIGION
- REVERED
- THURSDAY
- WIND

Easter Word Search 6

- AWARENESS
- BIBLE
- DUCKS
- FIND
- HOLY THURSDAY
- KEEN
- PAPER
- PILATE
- SACRIFICE
- SEEDS
- SELF
- SUPPORT

M	B	F	S	Y	L	U	O	D	D	V	U	P	M
E	S	M	P	E	B	O	K	W	Z	S	V	E	F
T	A	W	A	R	E	N	E	S	S	V	K	L	O
D	C	A	C	X	S	D	P	X	X	U	E	T	I
P	R	W	P	E	P	O	S	I	F	S	R	H	N
B	I	A	N	U	Z	U	Q	V	L	O	F	T	F
A	F	I	N	D	E	Q	J	A	P	A	A	C	S
B	I	W	W	O	G	R	S	P	A	H	T	L	R
I	C	V	S	K	E	K	U	Q	P	X	F	E	T
B	E	J	A	I	C	S	E	B	E	I	H	X	S
L	D	O	H	U	L	F	F	E	R	D	O	L	M
E	K	Q	D	M	U	V	M	N	N	C	V	C	U
H	O	L	Y	T	H	U	R	S	D	A	Y	P	P
D	Z	X	A	A	R	A	K	P	Z	W	C	D	A

21

Easter Word Search 9

```
C V U U J Z P B S S X B K
O Q G N D O H Z E L P G I H
M O K W U O C U R T A I N R
M N N F W K S A V B S F J O
U C N Y G M J Z A F H T G V
N T E A S T E R N F S B D E
I W U A W V Y G T E G A K T
O L X O L C O N C A A S R U
N S I P F G U I L T U K T E
L T A G F D O Y P U F E O S
O U J Q H V K W N R X T E D
C V L Z E T Y N D E Y N W A
O B S E R V A N C E I Y N Y
P Q O I C I G V P W U I R F
```

COMMUNION
CURTAIN
EASTER
FEATURE
GIFT BASKET
GUILT
LIGHT
OBSERVANCE
SERVANT
SHROVE TUESDAY
VOICES
WINE

Easter Word Search 10

BLESSINGS
DAISY
GOOD FRIDAY
GUIDE
HOME
INDULGE
INDULGENCE
PALM SUNDAY
POLLEN
RITES
VOLUNTEER
YELLS

```
K W Q Q E I X H F T C A F A
D K U R G U G N V M U R S F
Y P F Z G M J Q P R X L Y C
V G A D I N D U L G E N C E
J O B L E S S I N G S E Y H
G Q L L M D Z K A T M A N E
Q U L U T S S X B O D D G W
M O I P N R U I H I Z L R U
P W O D W T K N R O U S I W
G I R A E K E F D D L F T D
Y E L L S N D E N A T V E Y
D A I S Y O M I R L Y P S S
Q T N O O B Z I L X D P L C
H P V G H X H I C R N Q Y S
```

22

23

Easter Word Search 11

APRIL SHOWERS
ASH WEDNESDAY
BOUQUETS
CAPTURE
CHALLENGE
CHRISTIAN
EASTER ISLAND
HOLY
LIFE
REDEEMED
SPEAR
TOUCH-ME-NOT

```
V C G D A T F J L O X D Y Z
J H C A P T U R E B E A T E
G R F B H Y P S H M D O C I
O I P V M J P X E S N G Q S
A S P O W P U E E E P A V P
I T M N A M D N M F K E U X
B I I H Y E D H N D U L A E
O A J X R E C B Y A S T J R
U N D Q W U Q E R D P X S U
Q V B H O L Y O I G Z V A Y
U I S T C H A L L E N G E T
E A S T E R I S L A N D M M
T U L I F E L L K C U Q I U
S A P R I L S H O W E R S U
```

Easter Word Search 12

```
W W H H K K W H K S A V E S
T S H A R I N G E X G E P H
W Y C I N X P I D N T I Z J
O D S J U D R N I A L O V E
C E O D S O X T M U G R W L
S O N G M T S I T R K I M L
D I S E K A T D Y C T D F Y
U Y M J L L A N M E Z E A B
A I E R U S P X P H L I E E
G F E D T O Y R F O V L N A
D V V H E E Z Q P P I E O N
E C Q C D G R W Y E E U V W
E Z N D Y I G F G C D L R Y
W E T D S Z H S A Y E C P C
```

DYED EGGS
EVERLASTING
JELLYBEAN
LOVE
MEMORIES
RIDE
SAVE
SHARING
SONG
TULIPS
ULTIMATE
YELLOW

24

25

Easter Word Search 13

```
E J L U P S M S B B N U K T
J A E R C C G M O A S A H Y
P C S W Q N O O H T U C C P
V A J T I T C O L O R I N G
K C R D E I M G E F P M U V
I C A K O R U J P I R U M R
W E P T S E B E Y D I V E D
R E G L P D E A A L S T R Y
L F P K I Z B F S W E X O I
N F Z W O L B G Y K Y Y U L
X R R N G Y L F R A E E S A
B J Q I F Z Q Y G P U T G P
D E C O R A T I O N P Q E I
R N X S A L V A T I O N C M
```

COLORING
DECORATION
EASTER BASKET
LILLY
NUMEROUS
PARKS
READINGS
SALVATION
SURPRISE
TIRED
TOMB
WEPT

Easter Word Search 14

ALTAR
APRIL
CHICK
DISCIPLES
FAITH
MINT JELLY
PAINTING EGGS
PREPARATION
RELAXING
RESERVATION
RUNNING
TREATS

```
M R T R E A T S Y A N H U S
P Z E F U I L L B S L H O E
Q A P S J N L E E O S T Z B
R D I K E E N L K E V W A P
V E X N J R P I A P R I L R
F P L T T I V B N A J C N G
T A N A C I E A F G V H X C
C I I S X D N C T A N I J R
M G I T U I V G V I O C A J
D D W P H X N D E P O K N O
L F O V D J P G Z G J N X C
Y B G H E H M Y O D G U G L
P R E P A R A T I O N S I D
D W P H S H P O S X L R G I
```

26

Easter Word Search 15

M	E	S	S	I	A	H	Q	G	M	G	R	T	C
G	V	D	F	K	U	K	N	N	N	W	N	S	Y
V	Y	W	O	O	B	I	J	I	E	E	T	A	C
E	A	Q	A	F	P	F	N	J	M	D	I	B	
A	O	D	J	P	K	N	D	E	E	S	C	U	X
F	U	Z	O	P	I	C	G	M	E	E	H	R	D
M	T	H	F	G	Q	A	R	N	D	F	O	Y	C
N	S	A	E	Z	R	A	D	Q	O	A	I	H	Q
L	I	B	F	U	G	E	S	P	Y	C	R	W	C
S	D	J	O	D	W	L	J	N	L	I	V	B	R
J	E	C	L	H	E	B	T	B	Y	L	N	W	E
V	N	O	S	G	P	B	K	F	O	I	Z	E	T
E	G	A	N	W	V	E	M	Z	J	T	R	G	B
Z	P	A	R	A	D	E	U	C	S	Y	F	H	W

ANGELS
ASH WEDNESDAY
BEGINNING
CHOIR
ENCOURAGEMENT
FACILITY
GARMENTS
GOLD
HOPPING
MESSIAH
OUTSIDE
PARADE

Easter Word Search 16

I	F	F	G	P	D	Y	C	U	F	I	F	P	P
R	W	H	O	F	O	C	U	S	E	X	N	A	A
R	U	O	I	R	I	A	R	T	S	S	E	F	L
E	C	T	R	L	T	O	O	Q	T	T	V	K	M
S	O	H	V	S	T	U	Z	J	I	T	Q	V	S
I	D	A	A	B	H	R	N	I	V	J	K	L	U
S	G	Z	Z	P	U	I	H	E	A	V	E	N	N
T	U	B	M	Y	E	A	P	B	L	T	V	R	D
I	K	N	D	R	P	L	J	E	F	U	T	C	A
B	U	A	O	L	O	R	E	O	R	L	I	L	Y
L	S	L	Q	N	W	K	B	C	I	I	R	U	B
E	O	P	M	I	U	Y	H	Y	Y	P	L	P	X
C	U	N	I	V	E	R	S	A	L	M	H	D	P
H	R	F	O	K	D	Q	N	U	H	N	E	K	Q

CHAPEL
COLOR
FESTIVAL
FOCUS
FORTUNE
HEAVEN
IRRESISTIBLE
LILY
PALM SUNDAY
TULIP
UNIVERSAL
WORSHIPER

27

Easter Word Search 19

BAPTISM
BELIEF
CRUCIFY
DELICIOUS
DISPLAY
EGG HUNT
IMPACT
KING
MEANING
NAZARETH
PASTRIES
VISIT

S	S	M	H	V	T	J	T	L	H	Z	L	D	Y	
I	Q	Z	I	C	R	U	C	I	F	Y	E	E	Z	
B	J	E	A	C	O	T	G	F	T	X	J	L	P	
C	B	P	O	V	K	N	D	N	N	N	A	I	Q	
Z	M	A	O	T	I	K	U	J	A	K	P	C	C	
I	E	B	P	N	N	H	L	T	Z	J	X	I	A	
W	S	N	A	T	G	R	W	P	A	E	S	O	C	
Y	A	E	D	G	I	I	S	E	R	I	K	U	H	
Z	M	A	E	U	K	S	P	R	E	Z	O	S	F	
D	I	S	P	L	A	Y	M	Z	T	J	R	E	T	
V	I	S	I	T	D	Z	R	C	H	S	I	C	P	
P	A	S	T	R	I	E	S	W	E	L	A	V	V	
R	L	J	G	H	J	A	S	B	E	L	J	X	F	
L	D	V	S	I	Q	U	A	B	J	U	A	M	G	

Easter Word Search 20

R	Y	F	C	V	E	N	E	R	A	B	L	E	R
R	O	Q	U	L	V	Y	B	A	W	O	R	D	E
X	P	B	P	L	E	H	S	M	O	B	U	T	O
Z	B	R	E	A	F	S	L	S	F	Q	U	D	R
D	U	U	G	S	A	I	M	E	S	M	J	S	I
P	N	X	Z	M	U	P	L	K	P	Q	C	E	E
I	N	H	L	U	K	I	C	L	M	Q	C	A	N
Q	I	R	T	S	G	I	W	T	E	M	W	N	T
S	E	D	T	I	H	L	V	O	T	D	D	V	A
O	S	A	P	C	E	O	G	F	E	J	Y	G	T
J	H	Y	E	T	K	V	Q	E	D	M	O	U	I
P	M	B	S	G	I	S	C	X	Y	I	U	O	O
H	O	A	T	X	C	W	U	L	I	V	Z	M	N
U	P	I	L	S	B	Z	S	C	F	J	F	B	N

BUNNIES
CHICKS
FULFILLED
HATS
MASS
MUSIC
PASTEL
PURPLE
REORIENTATION
ROBES
VENERABLE
WORD

Easter Word Search 17

D R X K I G C F N X H Y B H
B H G L K S Z J A S A P L O
R A F E S C D Q R D X X E T
N X Q D N I D A R F A G S C
I H H T I K M U A X N O S R
H W O S J A T S C D E L E O
S R N J F A D M K K N I D S
Q J D O S R D Y E C A M Y S
C S I Y I J G X T U C U P B
P I L F A S T I N G T B J U
V O N U Q L Y K W M M J B N
H R E L A T I V E S E E U S
Z D Y G G A R R A Y N K Q F
J P Q R R I W N Y W T Q O D

ARRAY
BLESSED
DUCK
ENACTMENT
FASTING
HOLY SATURDAY
HOT CROSS BUNS
JOYFUL
MARSH
NOISY
RACKET
RELATIVES

Easter Word Search 18

BAPTIZING
COLORFUL
FRENZY
GARDEN
HOPE
LENT
LORD
MAUNDY
NEW TESTAMENT
SUNSHINE
TREASURE
UNDERSTANDING

N E W T E S T A M E N T G M
H O P E A Y U G J T B N I A
W T M N Z Z H N N V I Q G U
B H T N T O I E S D U V S N
X A E R Y G D B N H I A T D
P R N K M R R A O C I N Z Y
F U A X A Z T P P O E N U L
X H R G R S P T Q L M V E K
G G L R R W A I R O O Y N E
M J U E K E P Z M R I R Y T
R I D F A H Z I T F Z G D Q
S N N U C D G N F U X C U J
U Y M L I B D G W L M C D H
T R E A S U R E O C T X A L

29

Easter Word Search 21

```
R E N E W A L Z A F S Q L G
J O L B J C M K K B H A I E
K P E R F O R M A N C E R N
F U Y F V D Z B L F L Z O C
M P H I R J J B R I V I C O
F J H Y P P B N E U T G J N
P I A Y R G N K V C N G P F
P Z W X G O S P E L S C C E
P R O M I S E L R A V S H C
C S E S P Q L Z E D B W W T
D O S A P O X X N O J E J I
R A F Q C W G H C K Z E D O
P Y U T V H F I E G H T C N
C A D B U R Y E G G S S M X
```

BRUNCH
CADBURY EGGS
COLLECTION
CONFECTION
GOSPELS
PASSION
PERFORMANCE
PREACH
PROMISE
RENEWAL
REVERENCE
SWEETS

Easter Word Search 22

BAKING
CRUCIFIED
GUEST
JUBILANT
MEANINGFUL
PATTERN
POSIES
PRAYER
PROGRAM
TEMPTING
WEEKEND
YOUTH

```
T E M P T I N G T G Q M H M
P D L O G H M G N V P T Y E
E P T S K A G I Q P U V W A
X J F I V W K D T O L F N N
P C A E T A X S Y V P U H I
R R N S B W E E K E N D W N
A U O U F U E A X S Q C O G
Y C J G G F C M C X U O G F
E I Y P R K D A A I P F G U
R F T E P A T T E R N Q T L
T I T V P R M X L M F T P C
Z E K N Q Z B A O I Y M Q F
E D S I M J J U B I L A N T
I J S M J S G H D R U L K Q
```

30

31

Easter Word Search 23

ALIVE
CHOCOLATE
HUMBLE
JUBILATION
LOVING
MERCIFUL
PRAISING
PRIORITY
QUACK
TORN
VACATION
VIGILANCE

```
X U M Y J I A H S I K N P T
L T L F A U Q O X F R H R P
H A B V E F B C J O L A A R
O Q E V S I L I T Y O A I I
C J R J M Q C M L W R H S O
H Q H U M B L E O A R E I R
O U D D P P U R V L T C N I
C A D U E I W C I J E I G T
O C L V P P M I N S F Q O Y
L K I I E X P F G Q O F B N
A J L C V U W U L M O F Y W
T J U T V E A L V A H V N G
E E V A C A T I O N P M O U
V I G I L A N C E Z R A D X
```

Easter Word Search 24

```
T V K S A K N K U W K L L Q
Z T B W I S R R J K A L K D
B Y P T R N R B P T Q G E C
A E G G H U N T N W L T B H
B D E R P I H E L Q S A U O
Y M O C X S M I R E G B T C
C Y Z G I A C P R Q H S T O
H F H V D C K R M L Q T E L
I W A N S H A S H T F I R A
C L U T N R P W F D J N F T
K F G S Y I W I A G N E L E
S T R V N S W I N G S N I B
Q P G V T T E E R P X C E T
E A S T E R E G G H I E S S
```

ABSTINENCE
ARRESTED
BABY CHICKS
BUTTERFLIES
CHOCOLATE
CHRIST
EASTER EGG
EGG HUNT
FUNDAMENTAL
LAVISH
SINNER
SWINGS

Easter Maze 1

Easter Maze 2

33

34

Easter Maze 3

Easter Maze 4

35

Easter Maze 5

Easter Maze 6

36

37

Easter Maze 7

Easter Maze 8

38

39

Easter Maze 9

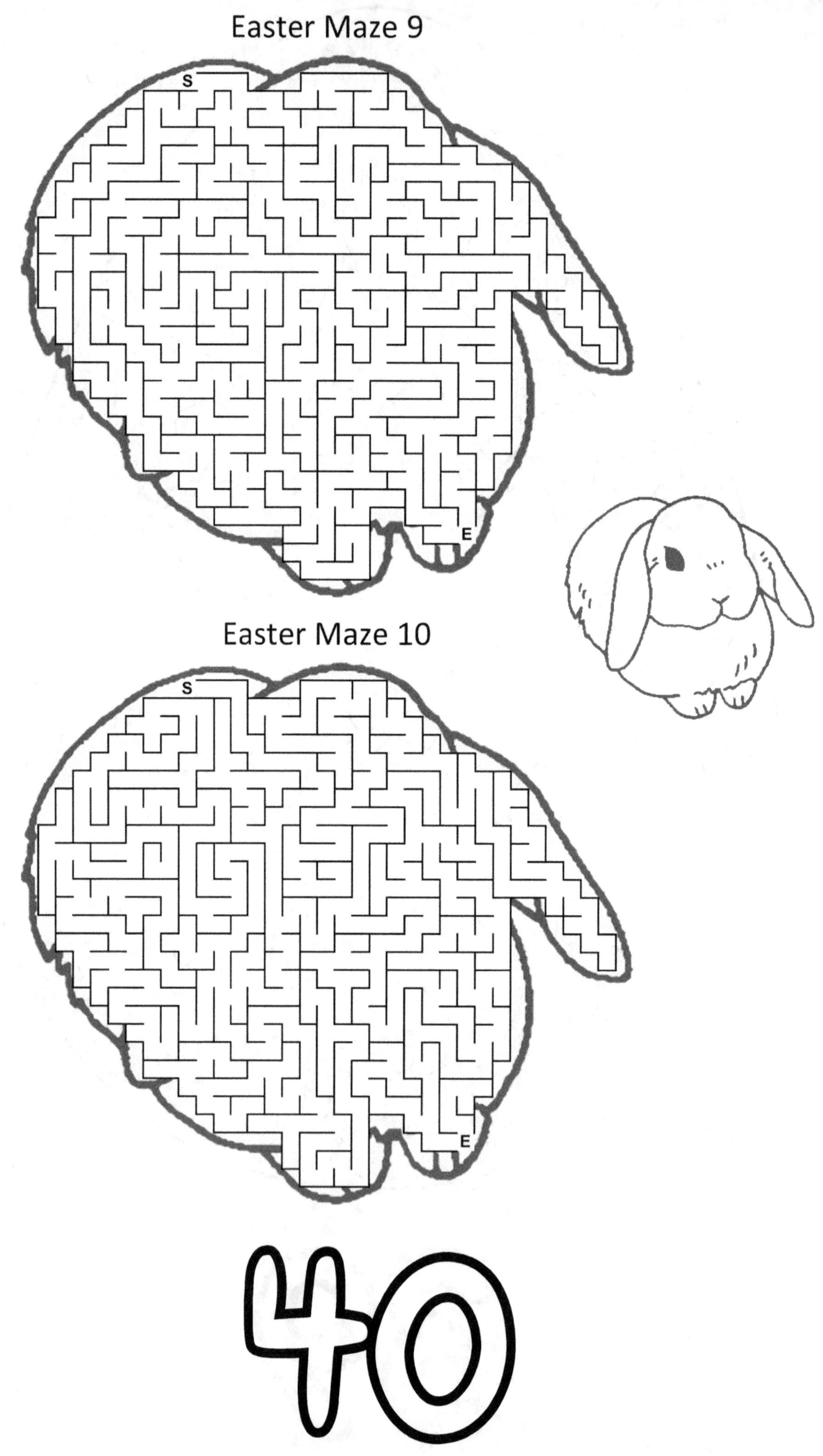

Easter Maze 10

40

41

Easter Maze 11

Easter Maze 12

42

43

Easter Maze 13

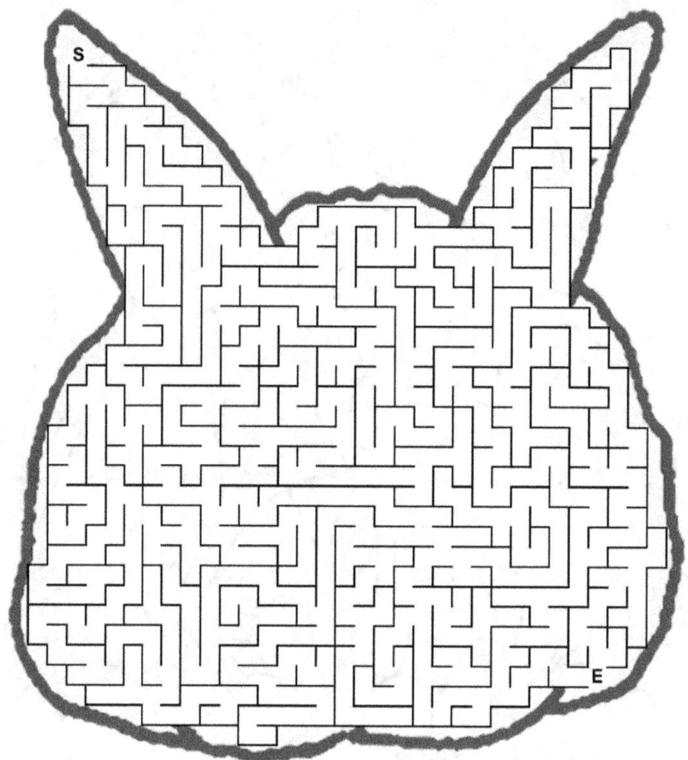

Easter Maze 14

45

Easter Maze 15

Easter Maze 16

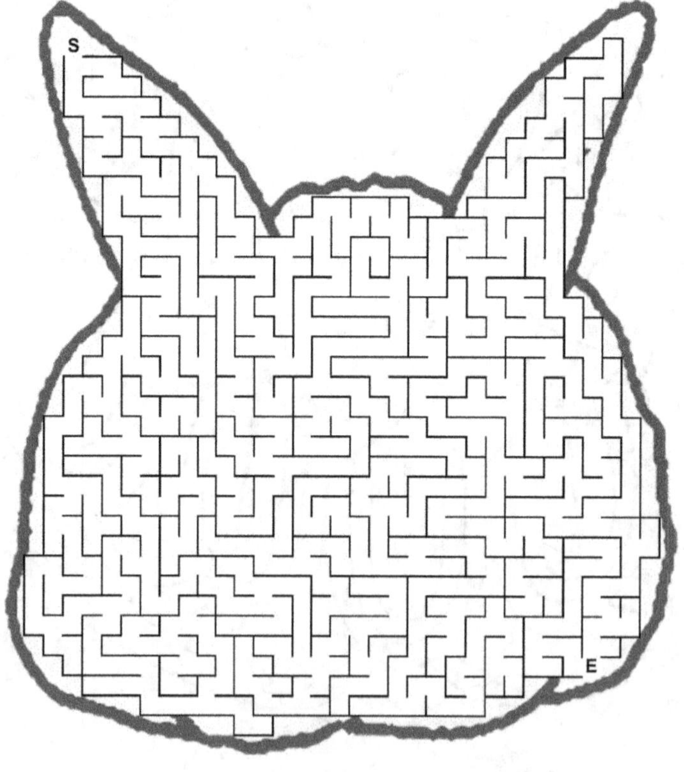

47

Easter Maze 17

Easter Maze 18

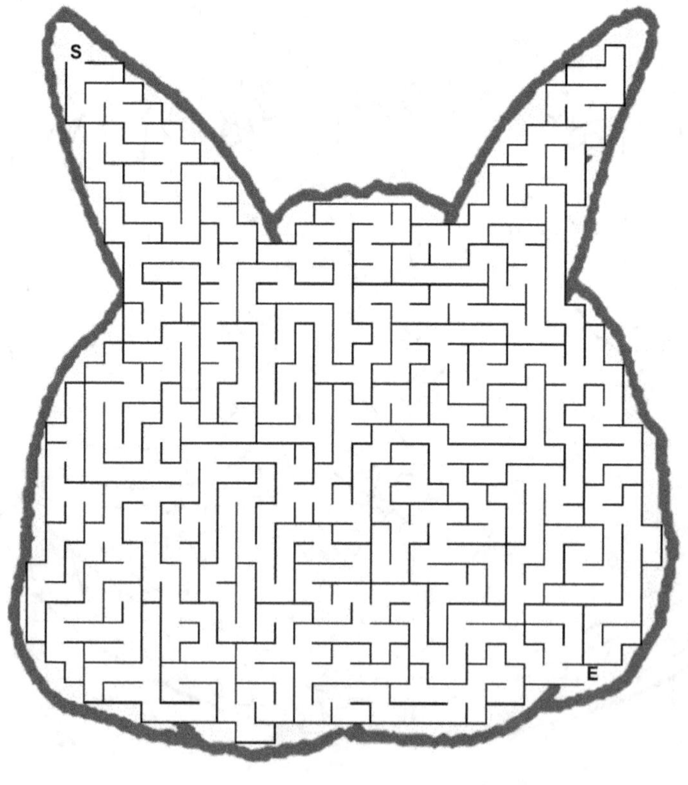

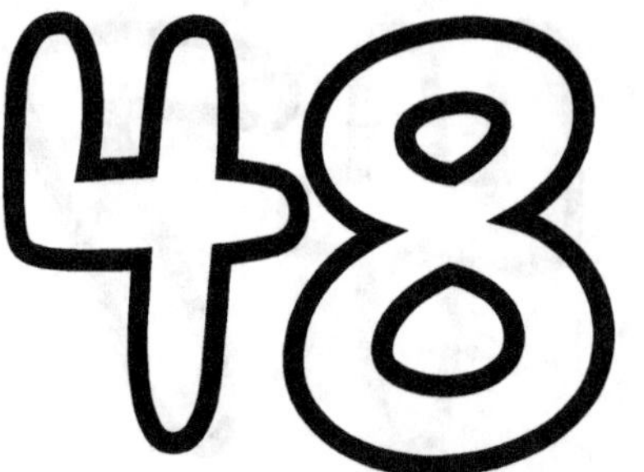

49

Easter Maze 19

Easter Maze 20

51

Easter Maze 21

Easter Maze 22

52

53

Easter Maze 23

Easter Maze 24

54

55

56

57

58

59

60

61

62

SOLUTIONS

Bunny Kisses and Easter Wishes!

Sudoku 1

Sudoku 2

Sudoku 3

Sudoku 4

Sudoku 5

Sudoku 6

Sudoku 7

Sudoku 8

Sudoku 9

Sudoku 10

Sudoku 11

Sudoku 12

Sudoku 13

6	5	2	7	3	9	8	4	1
1	4	7	2	5	8	3	9	6
3	9	8	4	6	1	7	2	5
5	8	3	6	1	4	9	7	2
4	7	6	9	8	2	5	1	3
9	2	1	3	7	5	4	6	8
8	6	5	1	9	7	2	3	4
7	1	4	8	2	3	6	5	9
2	3	9	5	4	6	1	8	7

Sudoku 14

1	9	2	6	5	3	7	4	8
5	3	8	9	7	4	2	6	1
6	7	4	2	1	8	5	3	9
2	4	6	1	9	7	8	5	3
7	5	3	8	4	6	9	1	2
8	1	9	3	2	5	4	7	6
3	2	7	5	6	9	1	8	4
4	8	1	7	3	2	6	9	5
9	6	5	4	8	1	3	2	7

Sudoku 15

6	7	5	4	1	8	9	2	3
1	9	3	5	7	2	6	8	4
8	2	4	6	9	3	5	1	7
4	6	9	3	8	1	7	5	2
5	1	2	9	4	7	3	6	8
7	3	8	2	5	6	4	9	1
2	5	7	1	6	4	8	3	9
9	8	1	7	3	5	2	4	6
3	4	6	8	2	9	1	7	5

Sudoku 16

2	1	7	5	9	4	6	3	8
9	6	5	8	3	1	7	2	4
4	8	3	2	7	6	9	1	5
8	5	2	1	6	3	4	9	7
1	3	4	7	8	9	5	6	2
7	9	6	4	2	5	3	8	1
6	7	1	3	4	8	2	5	9
3	4	8	9	5	2	1	7	6
5	2	9	6	1	7	8	4	3

Sudoku 17

6	3	5	7	4	1	9	2	8
2	4	1	9	8	6	5	7	3
8	9	7	2	3	5	6	1	4
9	2	4	3	5	7	8	6	1
1	5	3	8	6	9	2	4	7
7	6	8	1	2	4	3	5	9
3	1	9	6	7	2	4	8	5
5	7	2	4	9	8	1	3	6
4	8	6	5	1	3	7	9	2

Sudoku 18

6	2	8	9	3	7	4	5	1
9	3	4	1	5	6	2	7	8
5	7	1	2	8	4	6	3	9
1	9	2	3	4	8	7	6	5
8	6	3	5	7	1	9	4	2
4	5	7	6	9	2	1	8	3
2	8	9	4	6	3	5	1	7
3	1	6	7	2	5	8	9	4
7	4	5	8	1	9	3	2	6

Sudoku 19

1	5	4	2	9	6	8	7	3
3	8	7	4	1	5	2	6	9
9	6	2	7	8	3	1	4	5
4	7	8	3	5	2	9	1	6
6	9	5	8	4	1	7	3	2
2	1	3	9	6	7	5	8	4
7	3	9	6	2	8	4	5	1
8	4	1	5	3	9	6	2	7
5	2	6	1	7	4	3	9	8

Sudoku 20

2	1	7	5	4	9	8	3	6
6	9	8	3	2	7	1	5	4
4	3	5	6	1	8	2	9	7
3	7	9	8	5	4	6	1	2
8	2	1	9	3	6	4	7	5
5	4	6	1	7	2	9	8	3
1	5	4	2	9	3	7	6	8
9	8	2	7	6	5	3	4	1
7	6	3	4	8	1	5	2	9

Sudoku 21

2	9	3	4	7	5	6	1	8
6	8	4	9	1	2	3	5	7
7	5	1	8	3	6	9	2	4
3	6	7	5	2	8	1	4	9
9	4	2	1	6	7	5	8	3
8	1	5	3	4	9	2	7	6
4	7	9	6	5	1	8	3	2
1	3	8	2	9	4	7	6	5
5	2	6	7	8	3	4	9	1

Sudoku 22

6	7	2	3	8	9	4	5	1
5	3	8	4	6	1	9	2	7
1	9	4	5	2	7	3	8	6
2	6	9	1	4	5	7	3	8
7	4	5	2	3	8	6	1	9
8	1	3	7	9	6	5	4	2
9	5	6	8	1	3	2	7	4
4	8	7	9	5	2	1	6	3
3	2	1	6	7	4	8	9	5

Sudoku 23

2	6	7	8	3	4	9	5	1
5	3	8	9	6	1	7	4	2
4	9	1	5	2	7	3	6	8
9	1	6	2	7	8	5	3	4
7	8	4	3	1	5	2	9	6
3	2	5	6	4	9	1	8	7
1	7	3	4	9	6	8	2	5
6	5	9	1	8	2	4	7	3
8	4	2	7	5	3	6	1	9

Sudoku 24

6	2	8	7	5	3	1	4	9
5	9	1	2	8	4	6	3	7
7	3	4	9	6	1	2	8	5
9	1	5	3	4	2	8	7	6
2	8	7	6	1	5	4	9	3
3	4	6	8	7	9	5	2	1
1	7	2	4	9	6	3	5	8
4	5	9	1	3	8	7	6	2
8	6	3	5	2	7	9	1	4

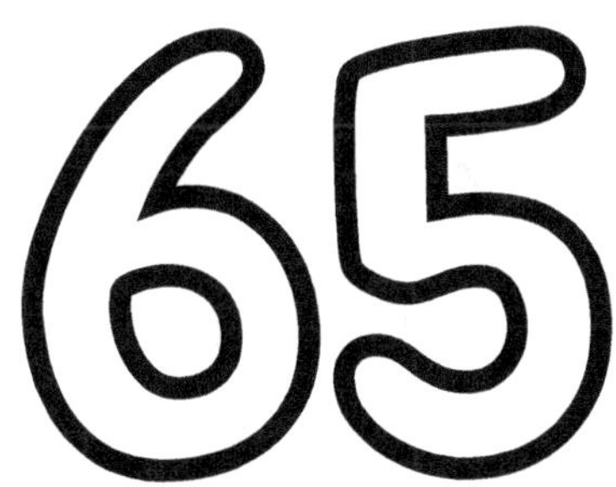

Word Search 1

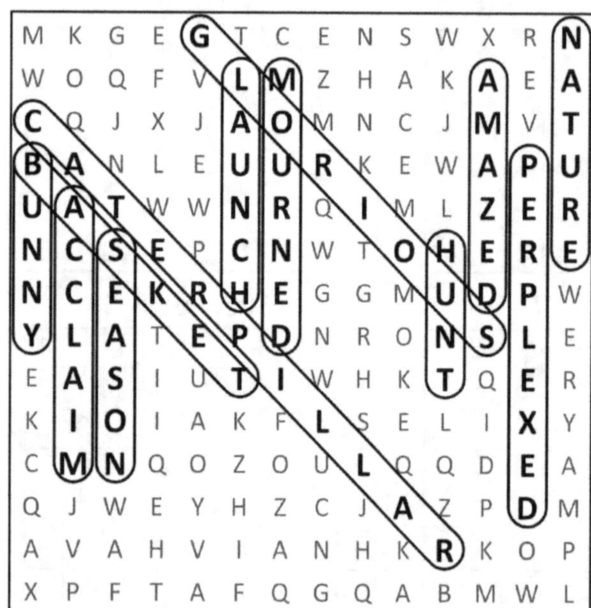

Word Search 2

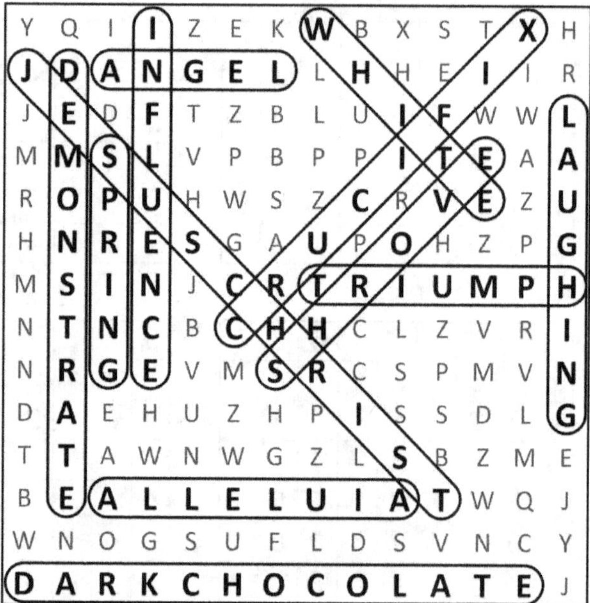

Word Search 3

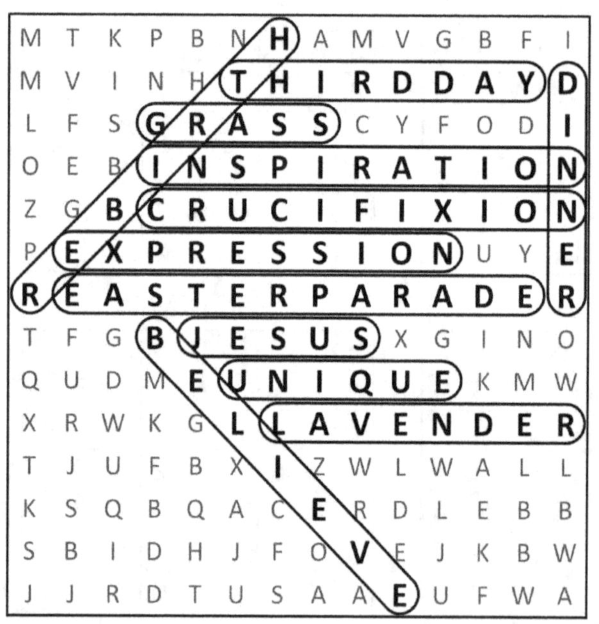

Word Search 4

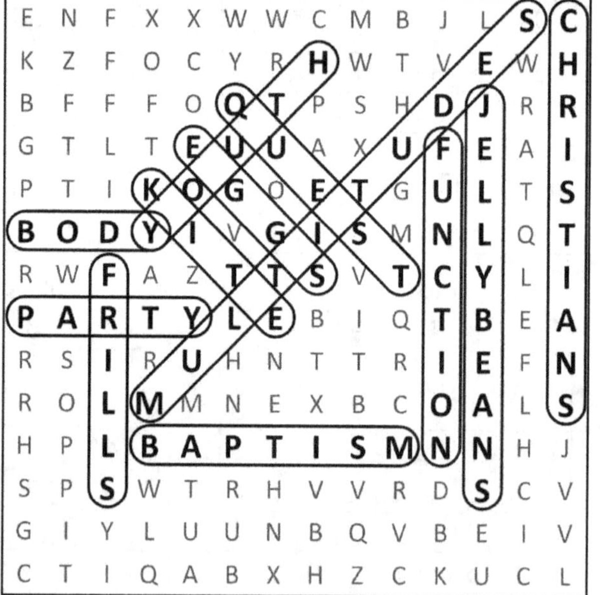

Word Search 5

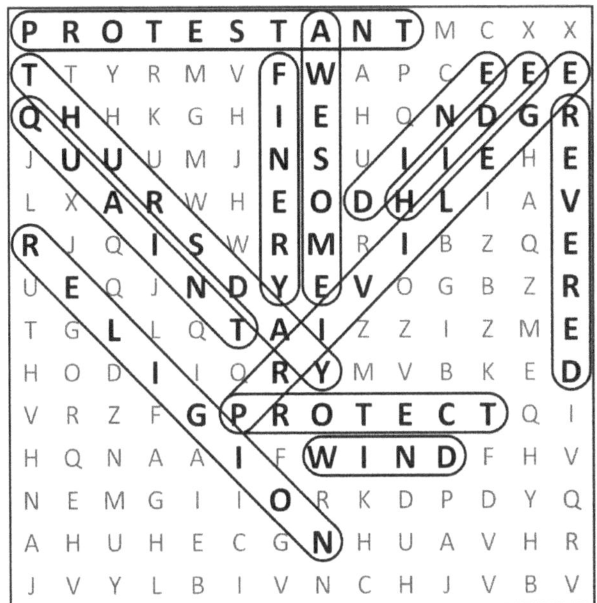

Word Search 6

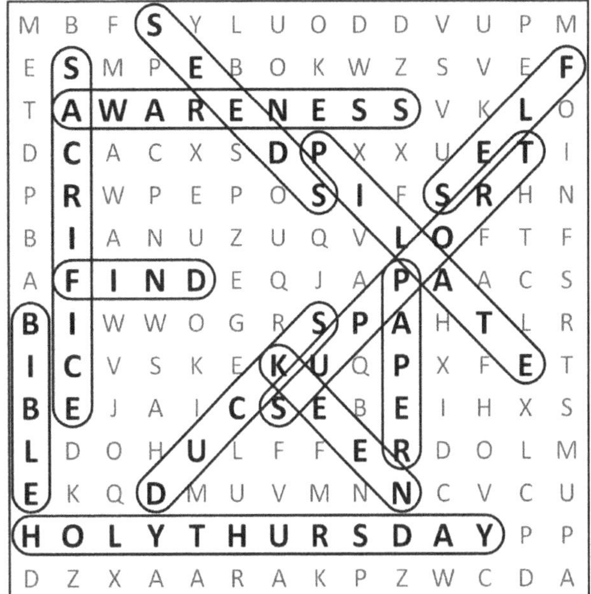

Word Search 7

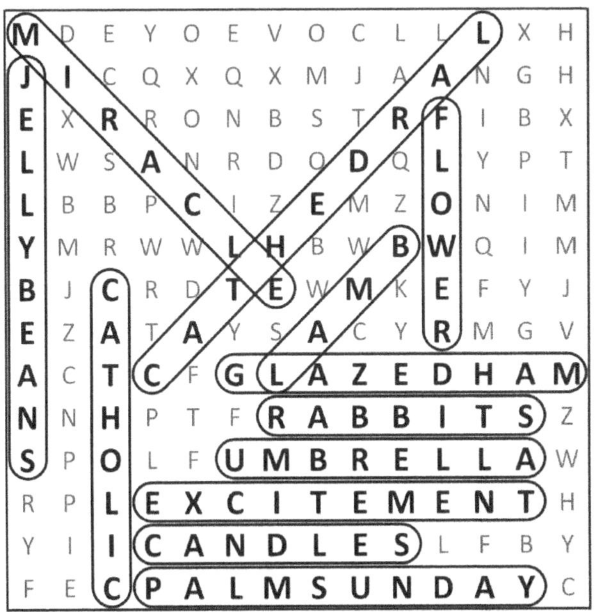

Word Search 8

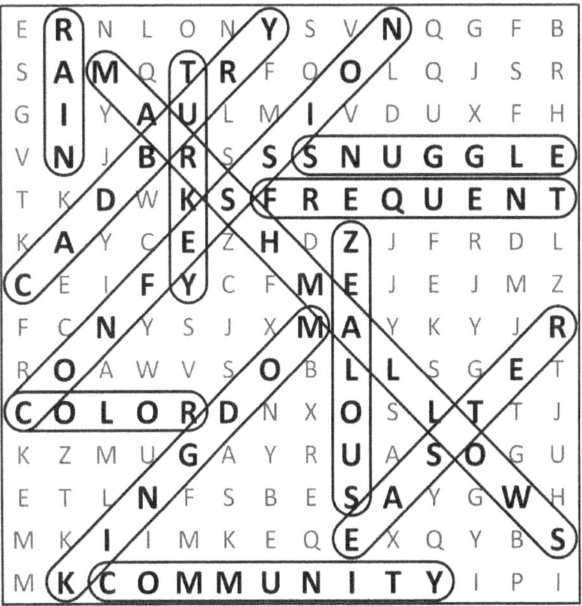

Word Search 13

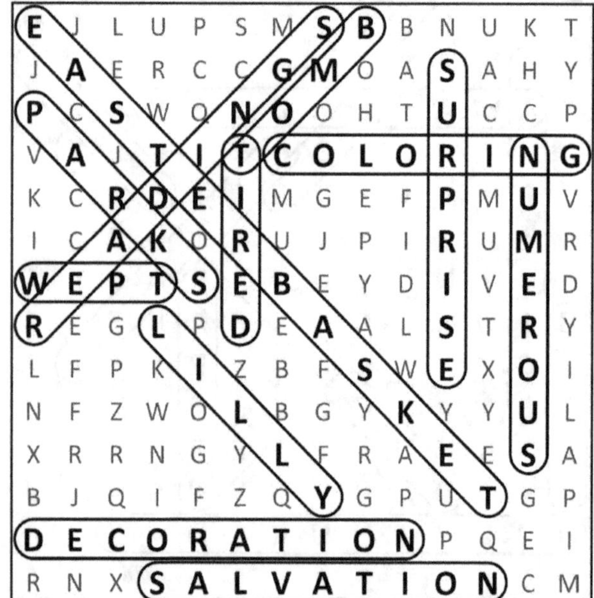

Word Search 14

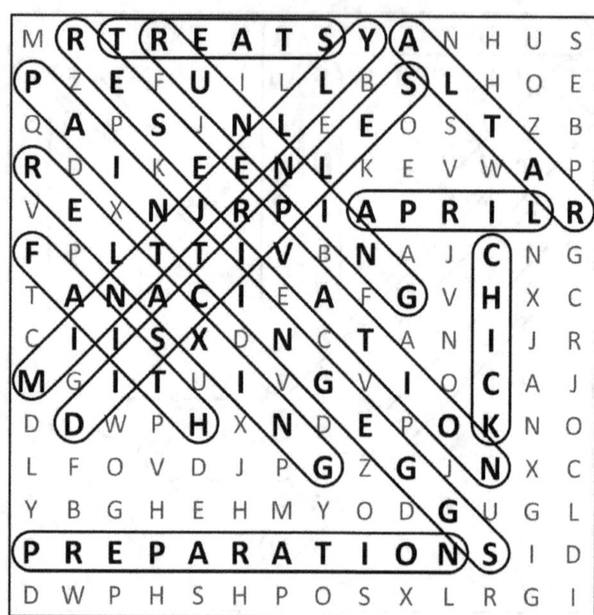

Word Search 15

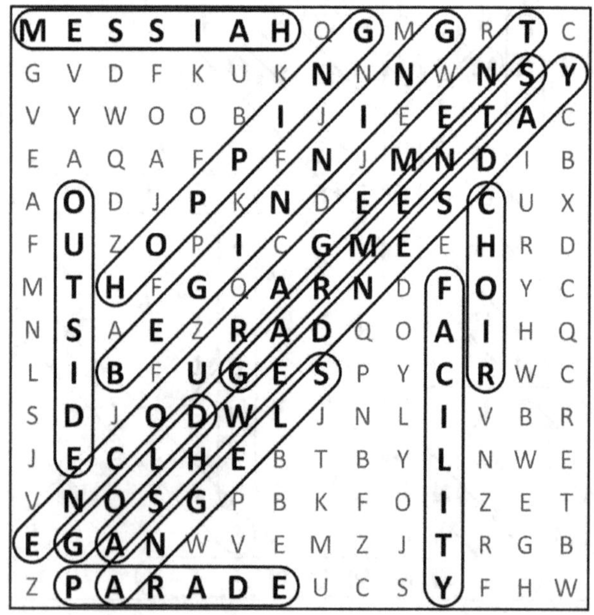

Word Search 16

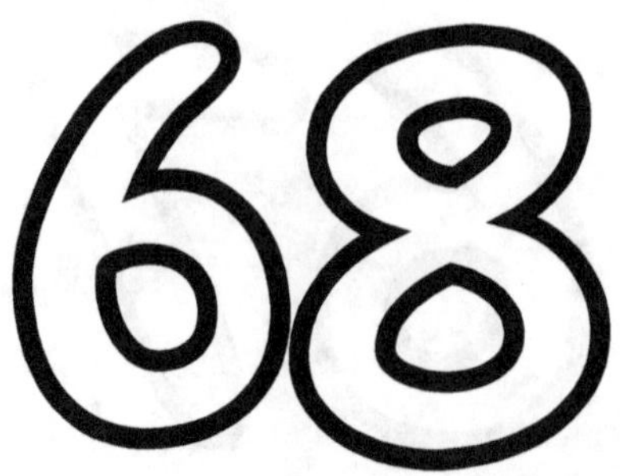

Word Search 9

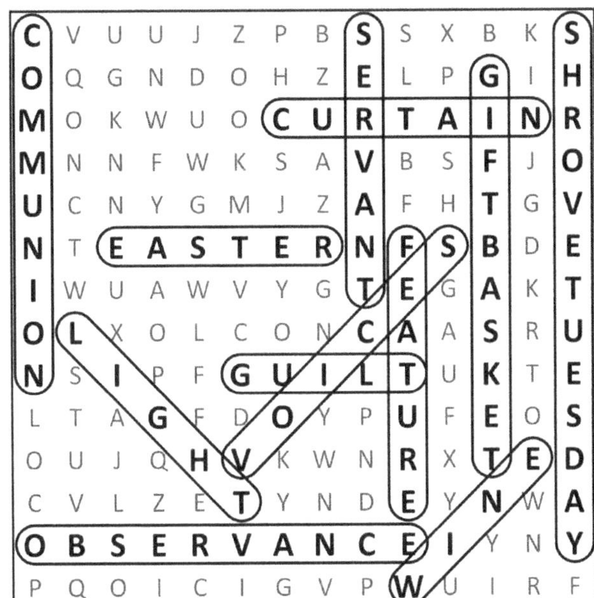

Word Search 10

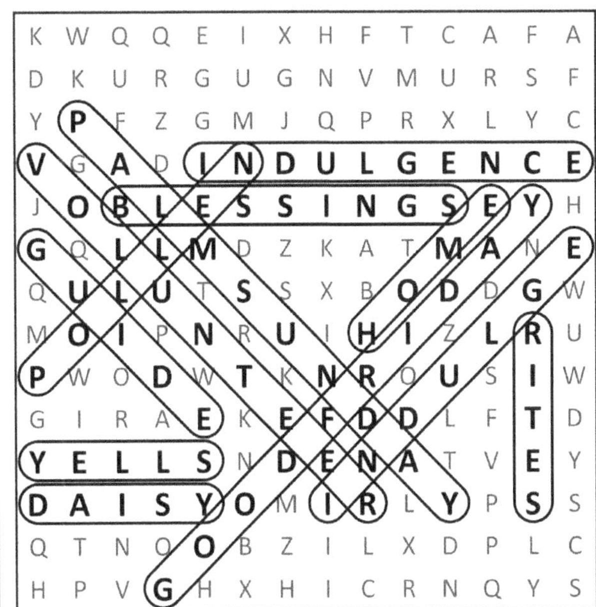

Word Search 11

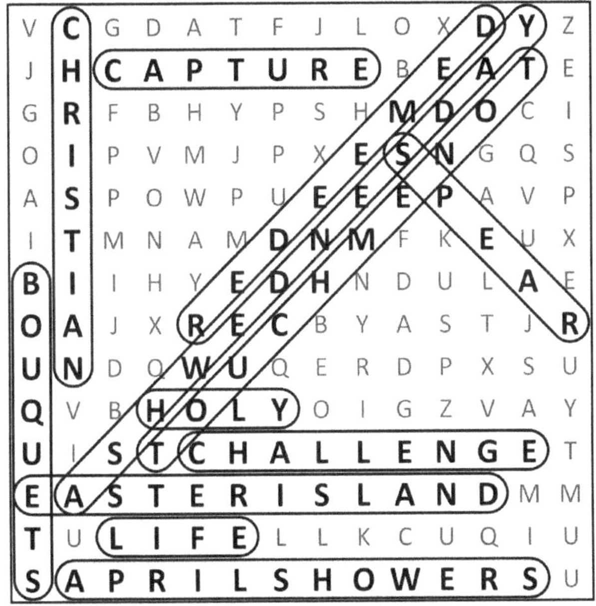

Word Search 12

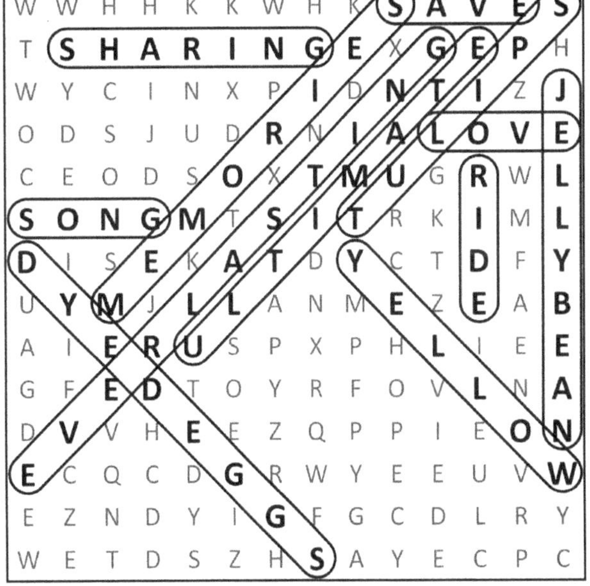

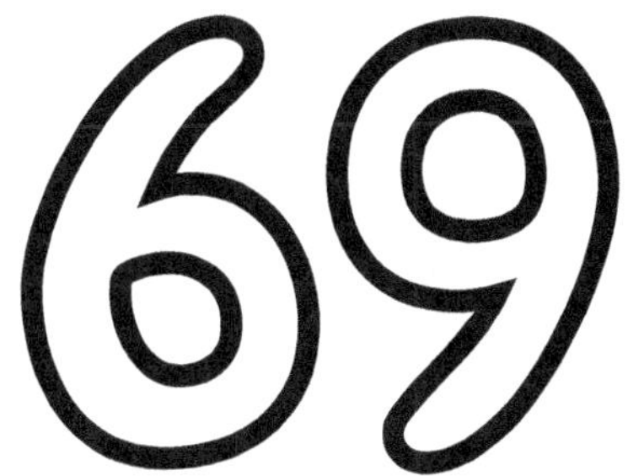

Word Search 21

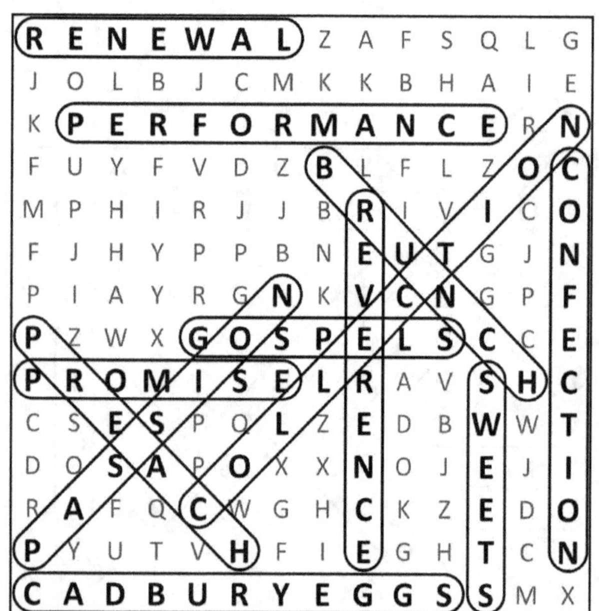

Word Search 22

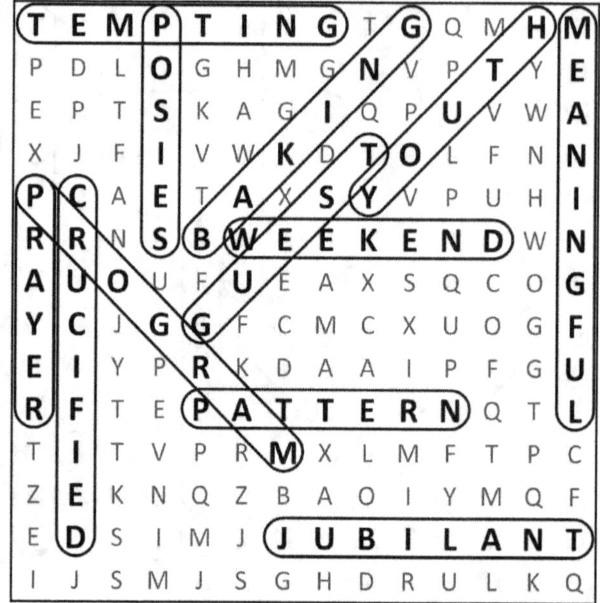

Word Search 23

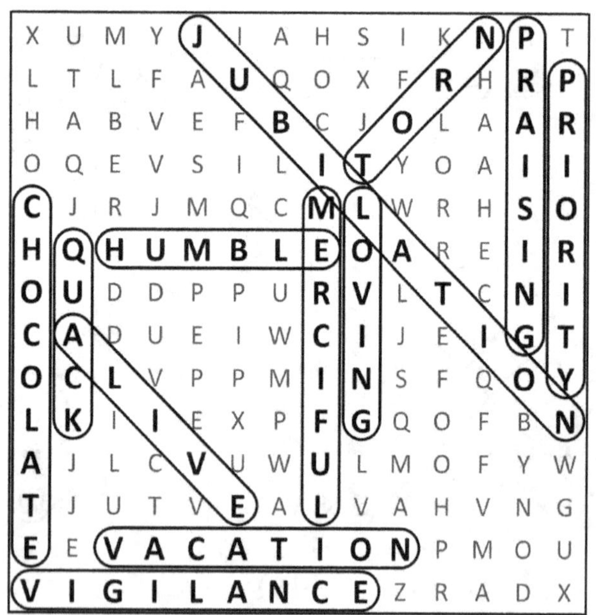

Word Search 24

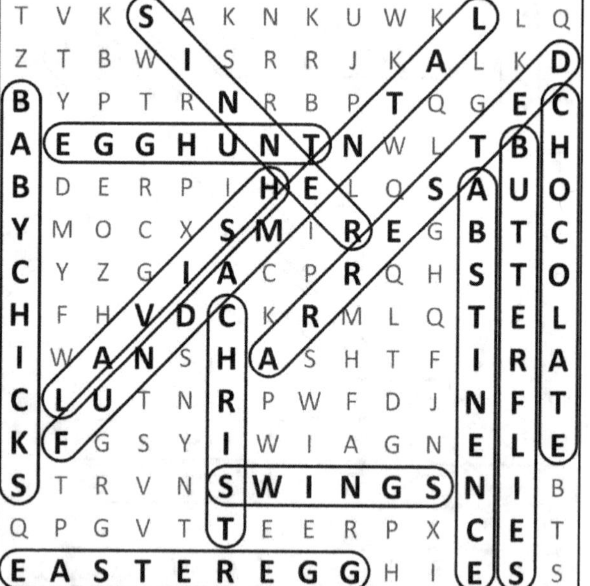

Word Search 17

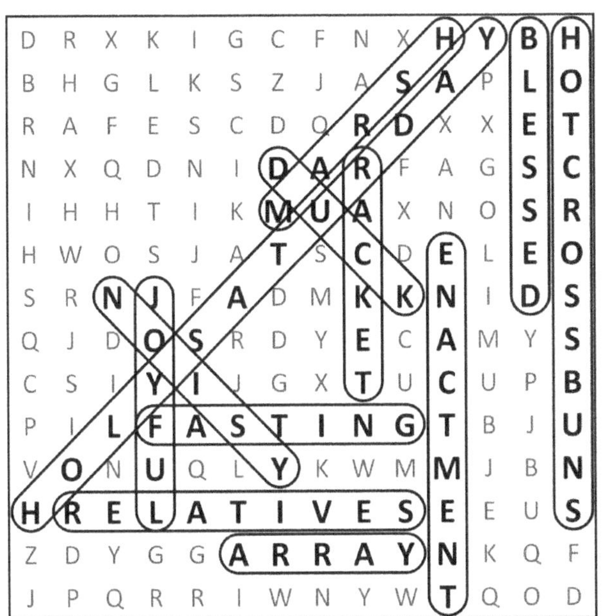

Word Search 18

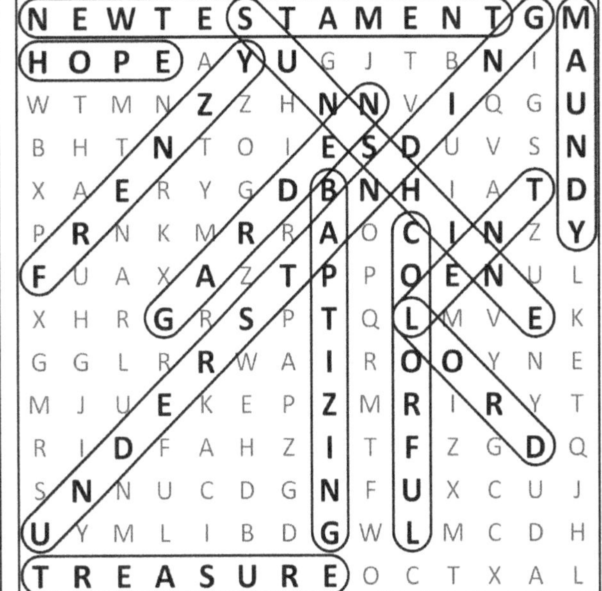

Word Search 19

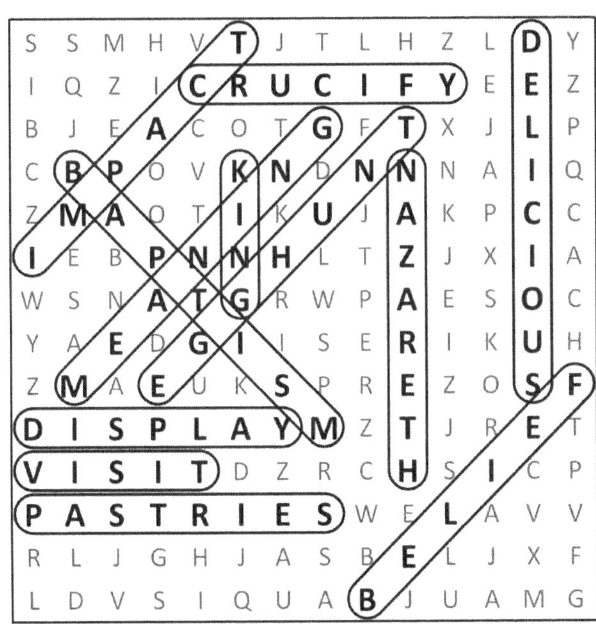

Word Search 20

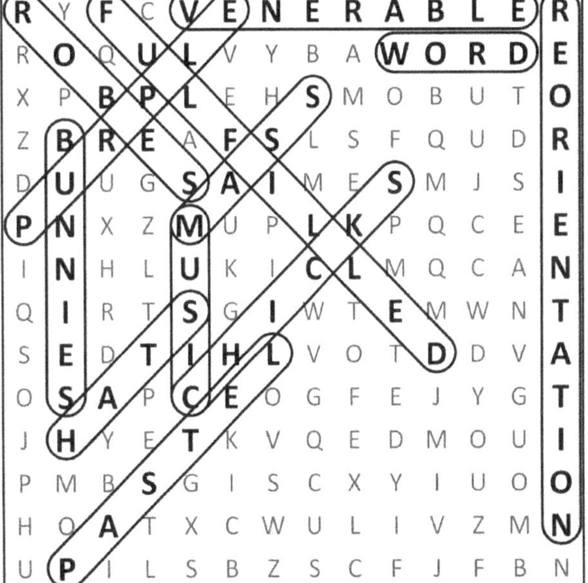

Maze 1

Maze 2

Maze 3

Maze 4

Maze 5

Maze 6

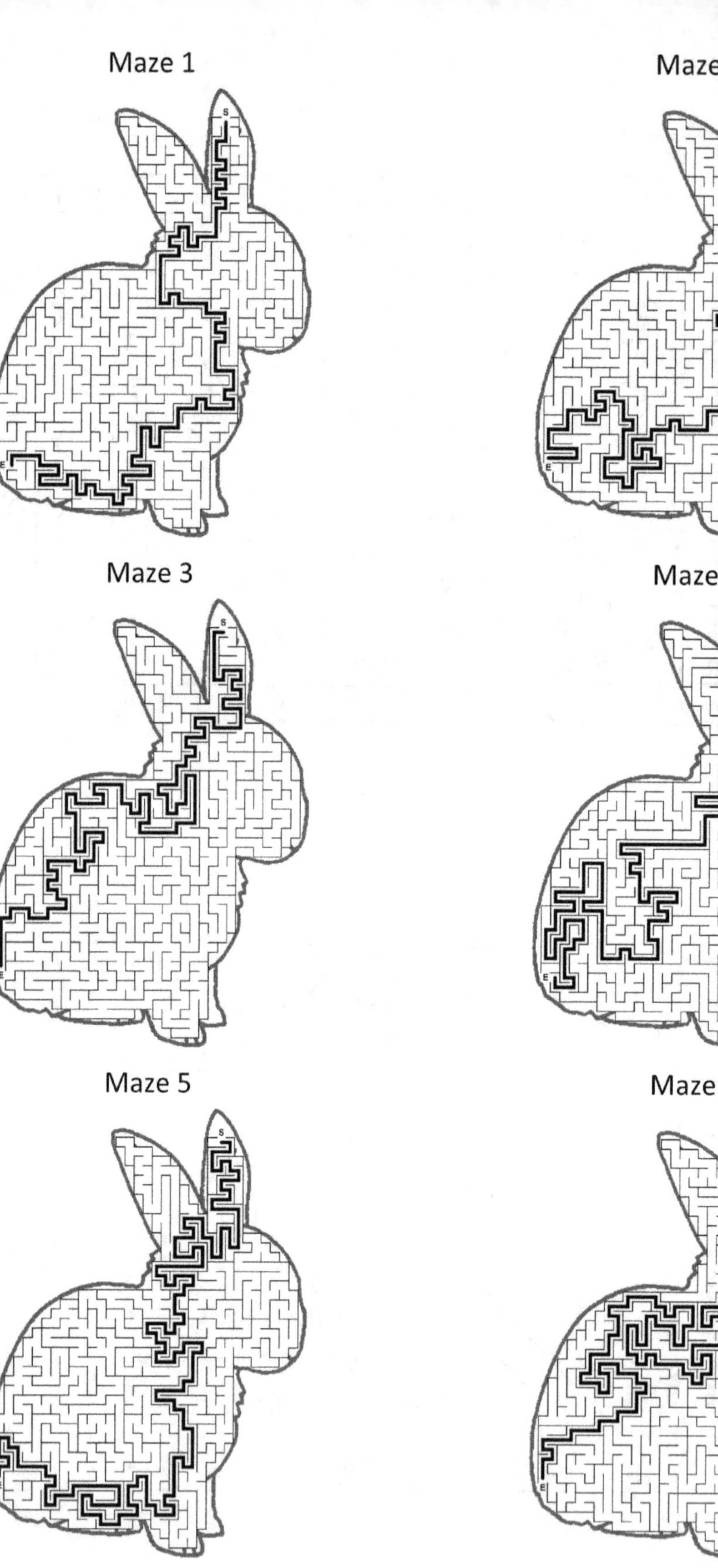

72

Maze 7

Maze 8

Maze 9

Maze 10

Maze 11

Maze 12

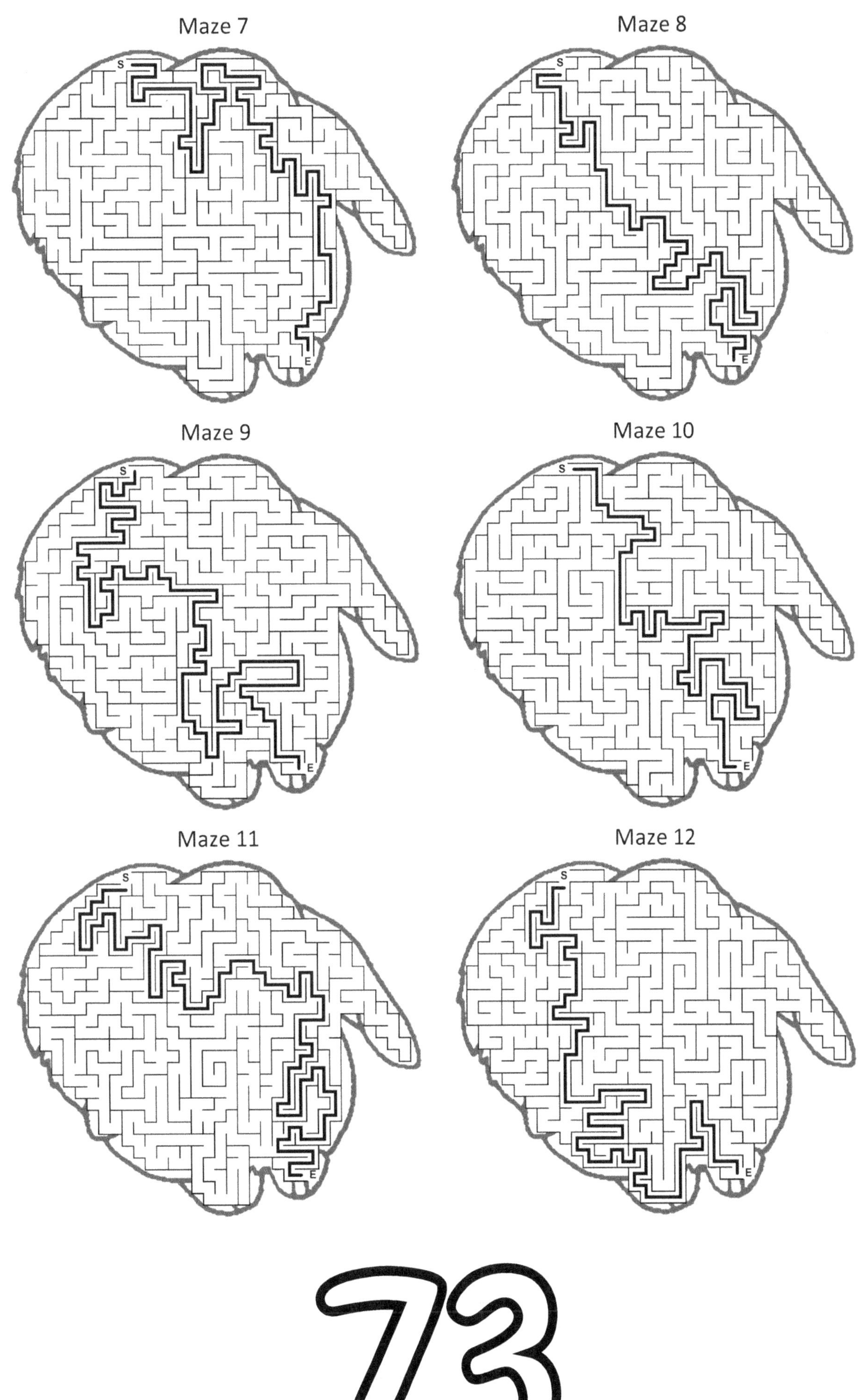

73

Maze 19

Maze 20

Maze 21

Maze 22

Maze 23

Maze 24

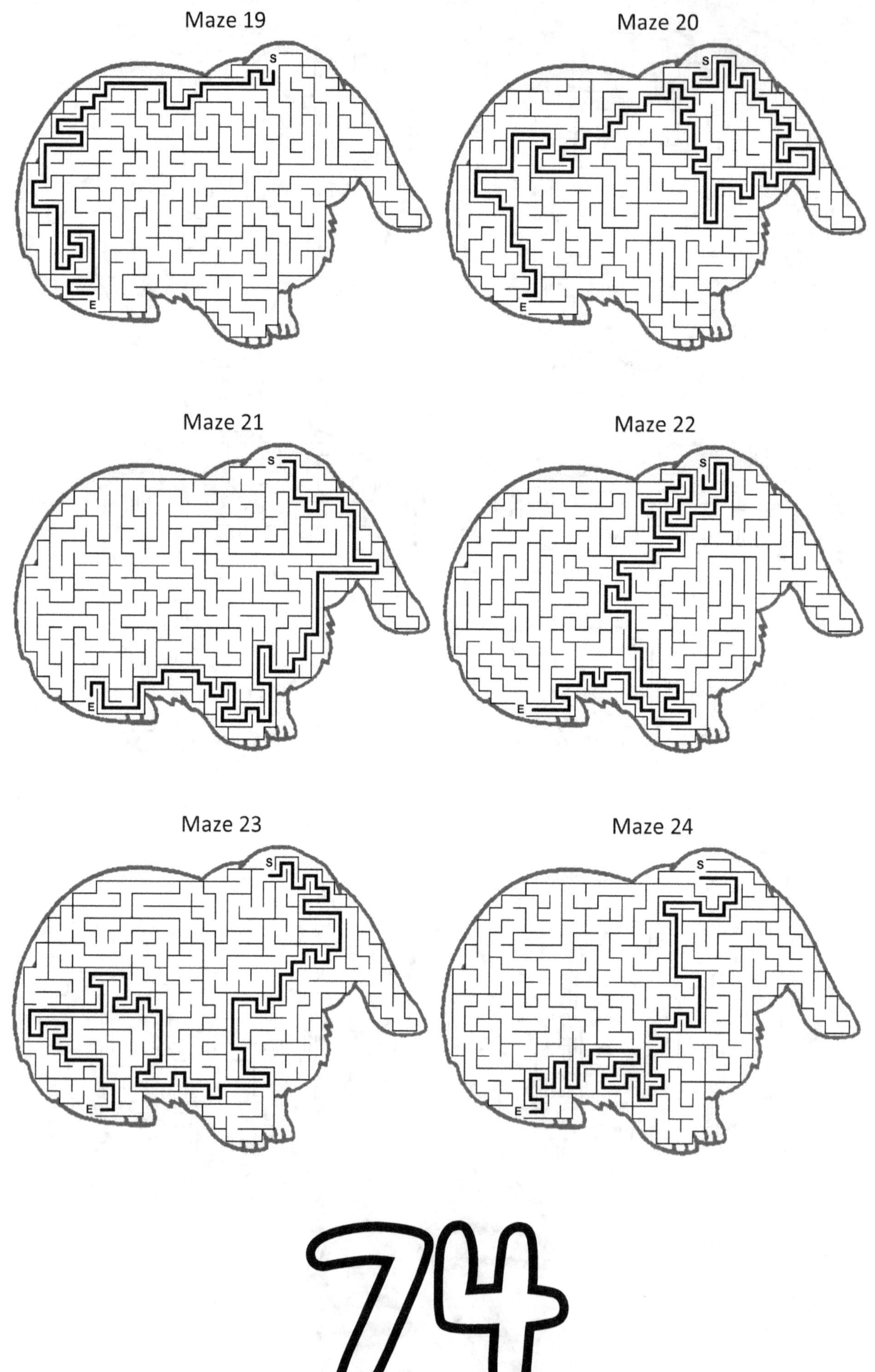

74

Maze 13

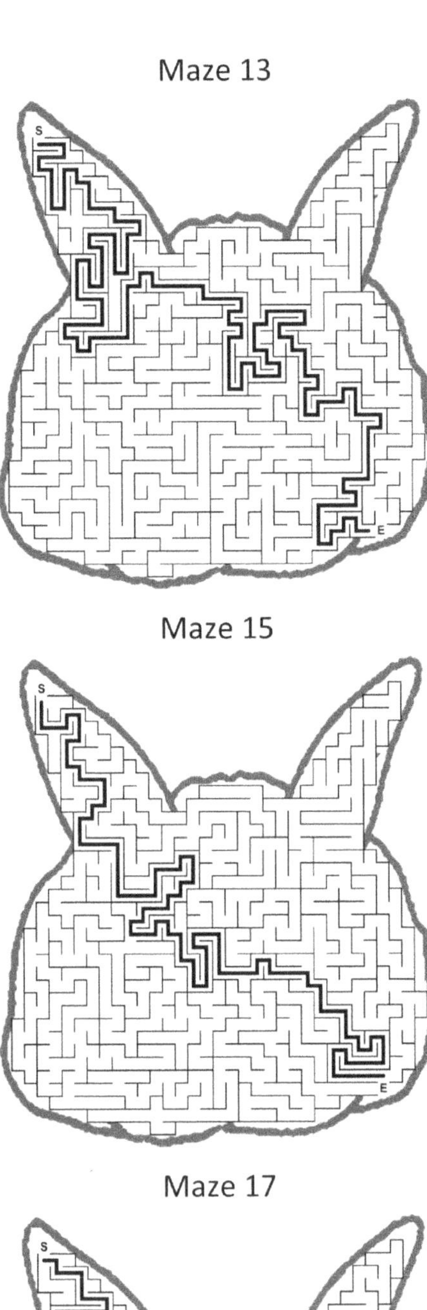

Maze 14

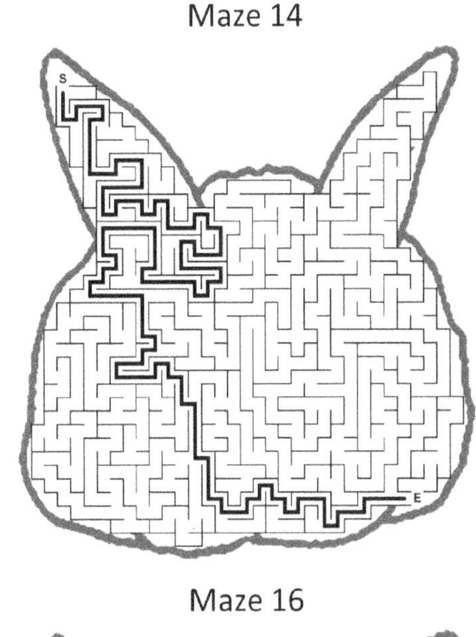

Maze 15

Maze 16

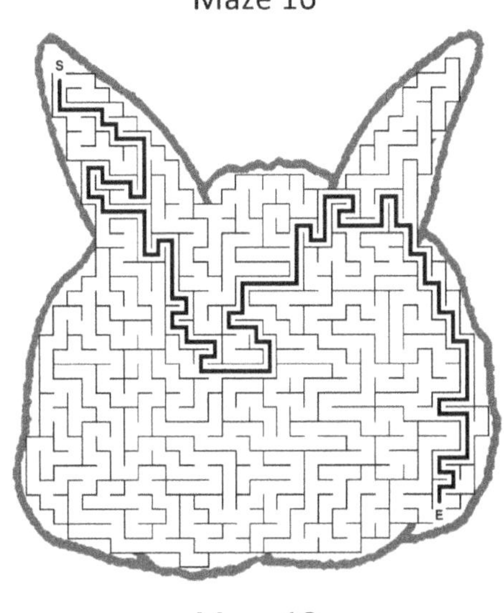

Maze 17

Maze 18

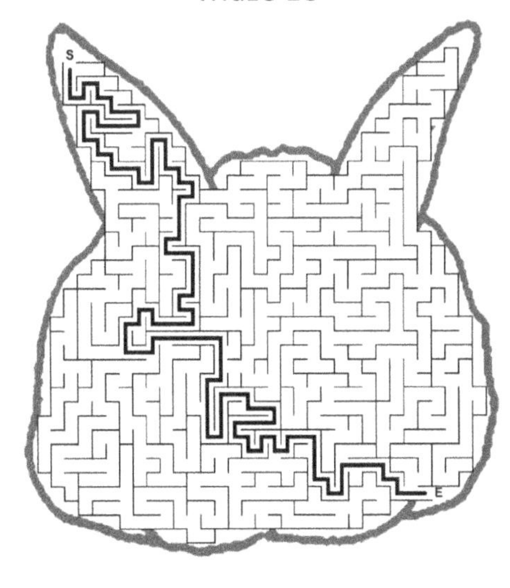

75

www.ingramcontent.com/pod-product-compliance
Lightning Source LLC
Chambersburg PA
CBHW081148280726
48661CB00024BC/3741